Un esprit non prévenu

André Gide

Éditions Kra, Paris, 1929

I

Un esprit non prévenu (ou qui sut se déprendre de ses préventions), il n'est sans doute rien de plus rare ; et c'est à la non-prévention que j'attache le plus de prix.

Ce que l'on cherche le plus souvent dans la vie, c'est de quoi s'entêter, non s'instruire. Chacun ne regarde dans l'événement que ce qui lui donne raison. Le reste échappe, qui désoblige ; et l'événement n'est jamais si simple que chacun n'y puisse trouver confirmation de ses convictions, fussent-elles les plus erronées. Il semble que rien ne plaise davantage à l'esprit que de s'enfoncer dans l'erreur.

« *Tendez à la Perfection.* »

Les grands esprits tendent à la banalisation. C'est le plus haut effort de l'individualisme. Mais il implique une sorte de modestie, laquelle est chose si rare qu'on ne la rencontre guère que chez les plus grands, ou les gueux.

Seul le manque d'imagination permet l'orgueil de certains sots. La véritable intelligence conçoit très aisément une intelligence supérieure encore à la sienne ; et c'est pourquoi les vrais intelligents sont modestes.

L'égalité d'un vol, sa constance, c'est un certain rapport entre la dimension de l'aile et le poids du corps qui l'obtient. L'allure fantasque de certains esprits sans poids rappelle le vol de ces papillons aux ailes énormes et dont le moindre battement emporte tout l'être, sans ébranler l'air autour d'eux.

Maintenir l'art *à l'échelle de l'homme*. La minutie de Proust peut amuser l'esprit, et faire plus : elle le renseigne ; mais je me refuse à y voir plus qu'un travail préalable. Celui qui s'y tiendrait ne peut plus vivre ; et c'est bien parce qu'il ne vivait plus que Proust lui-même a pu s'y livrer. Le public a marqué devant cette analyse, un peu de cette stupeur ébaubie qu'il éprouve devant la lentille du microscope : « Quoi ! c'est là ce que j'ai dans le sang !… ce qu'il y a dans l'eau que je bois !… dans le vinaigre ! » Mais il nous gênerait beaucoup de voir toujours le monde à cette échelle ; et, de même, l'art ne se satisfait point d'une si minutieuse et tatillonnante vérité. Tout comme la vie, il passe outre. Ce qui m'intéresse et m'importe, c'est un art qui permette, non d'éclairer dans l'infini détail les ressorts de la conduite des hommes, mais bien de brasser profondément celle-ci.

L'imagination permet seule la sympathie. On dit de quelqu'un qu'il a le cœur sec lorsque, incapable d'imaginer des maux qu'il n'éprouve pas par lui-même, il ne saurait y compatir.

La vraie bonté présuppose la faculté d'imaginer les souffrances et la joie d'autrui comme siennes. Sans imagination, il peut y avoir de la faiblesse, de la philanthropie théorique ou pratique, mais pas de vraie bonté.

Que B… soit intelligent, qui le nierait ?

Mais il est *suffisant*. Et ce mot excellent indique qu'il n'y a pas grand espoir de lui voir jamais acquérir certaines qualités qui ne lui font pas besoin. Il restera le dernier à ne s'apercevoir point qu'elles lui manquent.

Il est sans doute paradoxal de dire que Racine aurait changé le caractère de Phèdre si la beauté d'un vers l'eût exigé. Mais ce que l'on peut dire sans tirer à soi c'est que l'exigence du vers a inspiré, dicté presque à Racine certaines de ses notations les plus subtiles, les plus neuves et les plus hardies, par exemple :

Tremblante pour un fils que je n'osais trahir.

le « que je n'osais trahir » d'un raccourci admirable où Phèdre, comme malgré soi, laisse entendre que son amour pour Hippolyte a pris le pas sur les sentiments maternels au point de se les sacrifier — cette trouvaille a manifestement été inspirée à Racine par une certaine exigence rythmique et par la nécessité du vers.

Je reprendrai volontiers le titre de La Bruyère comme déjà La Bruyère avait repris celui de Théophraste ; et le sujet de son livre, et sa façon de le traiter. De tous les grands ouvrages du XVIIe siècle, il me paraît que le livre des *Caractères* est le seul qu'il ne soit peut-être pas trop impertinent de refaire ; je veux dire qu'il n'est peut-être pas trop impertinent de le tenter. Et d'abord, il me faut bien l'avouer, mon admiration devant La Bruyère ne tremble pas comme devant Bossuet, Molière, La Fontaine ou Corneille. Puis, il a soin de nous en avertir : il peint les hommes de son temps, les mœurs d'un siècle qui n'est plus le nôtre. Et l'homme n'a peut-être point tant changé que du moins notre façon de le voir. De sorte que, déjà, la première phrase de son livre m'arrête : « *L'on vient trop tard* », et que volontiers j'écrirais au début du mien : « L'on vient trop tôt » ; car tant de nouveauté nous accable.

« Les beautés » de La Bruyère sont de celles que l'intelligence suffit toujours à expliquer. Et lui-même est pleinement conscient de chacune. Elle est le résultat du travail. Ni verbale, ni mystique, ni lyrique, ni charnelle, il ne connaît aucune ivresse ; ou du moins ne cède à aucune, car celui qui ne fut jamais ivre n'est qu'un cuistre, et La Bruyère n'en est pas un.

Le livre des *Caractères* est trop raisonnable pour nous permettre d'y découvrir beaucoup plus que ce que les contemporains de La Bruyère y voyaient. Aucun superlatif ne lui convient. Avec lui tout est modéré ; jusqu'à l'amour qu'il nous inspire. La modération de La Bruyère a ceci de très rare qu'aucune médiocrité du cœur ni de l'esprit ne la motive, mais bien une certaine honnêteté foncière, et l'horreur d'en faire accroire, qui n'a d'égale chez lui que celle de s'en laisser accroire.

La Bruyère peint les hommes tels qu'ils sont ; mais, comment ils deviennent ce qu'ils sont, c'est ce qu'il omet de nous dire et qui ne l'intéresse pas. Nul acheminement vers soi-même. Ses personnages sont immobiles. Et c'est cette immobilité qui nous invite à les remiser aujourd'hui dans la boîte aux marionnettes. Pas avant de les regarder… car voici que je lis, dans la peinture de *Ménippe* : « *Sa vanité l'a fait honnête homme, l'a mis au-dessus de lui-même, l'a fait devenir ce qu'il n'était pas* » et je prends honte de ce que j'écrivais ci-dessus. La Bruyère est si nuancé… ces lignes sont parfaites ; tout y est ; et même cette reconnaissance que souvent le meilleur en nous prend un point d'appui sur le pire.

« *C'est un métier que de faire un livre* ». De toutes les sentences de La Bruyère, voici celle, hélas ! que les gens de lettres ont le mieux comprise, et les gens de métier se font, de nos jours, si nombreux, qu'on en vient parfois à aimer un livre parce qu'il manque précisément de ce métier qu'eux discréditent.

Aujourd'hui l'on n'ose guère plus dire que l'on est bon ; que l'on est constant, fidèle, équitable, reconnaissant ; cela prête à sourire ; et celui qui trop affirme qu'il est sincère fait douter de sa sincérité. Mais on sous-entend tout cela, et l'on se fâche, si cela est mis en doute. La Bruyère écrit : « *L'on n'ose dire que l'on a la peau douce, les dents belles*, etc… » Eh parbleu ! cela se voit bien. De là vient qu'on garde le silence sur ses avantages physiques : s'il en est d'autres plus cachés, certains fats ont leurs façons de s'en targuer. Je ne vois rien là qui autorise La Bruyère à conclure que les vertus du cœur soient « comptées pour presque rien », en regard des talents du corps.

Journal de Jules Renard :

« *Il ne suffit pas d'être heureux ; il faut encore que les autres* ne le soient pas », écrit-il. Je crains qu'il n'y ait là plus d'affectation de sincérité que de sincérité véritable.

Quantité de remarques des plus sensées : « *La grande erreur de la justice, c'est de s'imaginer que ses accusés agissent toujours logiquement !* »

Journal de Jules Renard. Étrange et douloureux spectacle de cette vie qui va se rétrécissant. Il chérit ses limites, soigne ses incompréhensions, protège sa myopie, bichonne son égoïsme et frise au petit fer sa calvitie. On observe de page en page, et c'est là le grand intérêt de ce journal si remarquable, le progrès de cette inhibition des sentiments et même de la pensée, qu'entraîne l'exigence de la sincérité. Il écrit, sitôt après avoir exagéré son admiration pour la dernière pièce de Rostand :

« *Dans la loge de Coquelin je dis à Rostand : — J'aurais été bien heureux si nous avions pu être décorés le même jour. Puisque cela n'est pas possible, je vous assure que je vous félicite sans envie.* »

Et il ajoute :

« *Ça, ce n'est pas vrai ; et voilà qu'en écrivant ces lignes, je me mets à pleurer* » !! Et plus bas, après avoir insisté à plaisir sur la bonne qualité de son envie, il tire arrière : « *Voilà qui est exagéré. Ah ! peut-être que jamais l'homme n'a dit un seul mot vrai !* » Au lieu de constater ingénument qu'il n'est pas de sentiment si simple que ne complique aussitôt et ne fausse l'introspection.

Il n'y a pas de pire ennemi de la pensée que le démon de l'analogie.

« *Un pré rasé de frais* »…

Quoi de plus fatigant que cette manie de certains littérateurs, qui ne peuvent voir un objet sans penser aussitôt à un autre !

Le jardin de Jules Renard aurait besoin d'être arrosé.

Chez lui la phrase étrangle la pensée. Il donne la note juste, mais toujours en *pizzicato*.

Je lis avec ravissement le nouveau volume du *Journal* de Jules Renard (1903 à 1907). Moins recroquevillé que le volume précédent. Il y a là, par moments, de l'excellent, du parfait, et parfois même, ô surprise, de l'attendri.

Église de Brou. Surcharge ; luxe inutile et cosmopolite. Art acheté, importé, venu de loin… La merveille de Florence, c'est que l'art y soit né du sol même. Le seul art vraiment chrétien est celui qui, comme saint François, sait épouser la pauvreté. Ceci domine de très haut l'art-parure. Rien de moins chrétien, de moins spirituel que l'ornementation de Brou. Très beau néanmoins, mais profane. La préciosité commence avec la dépense inutile.

Je bannis enfin de mon style l'emphase et la vaticination. Tout ce qui nuit au mouvement de la pensée, tout ornement, toute surcharge :

> Que ces vains ornements, que ces voiles me pèsent.

… jusqu'à l'oubli complet de toute prétention personnelle.

Inséparable de la signification profonde, de la force et de la suasion de la pensée, il y a certain gonflement de la phrase, non certes redondance, mais plénitude de respiration et de vie, certain émail, à quoi je suis plus sensible qu'à tout le reste.

La division de l'âme dont on nous parle tant aujourd'hui, n'a peut-être jamais été plus fortement exprimée que par ce vers de Racine :

Par quel trouble me vois-je emporté loin de moi.

Je lis dans Proust (N. R. F. du mois d'août) : « … *ce n'était qu'hors de sa présence* » — que je considère comme une faute très regrettable ; mais je ne puis tenir pour faute l'emploi de « réaliser » dans cette phrase :

« *Et d'ailleurs n'était-ce pas pour m'occuper d'eux que je vivrais loin de ceux qui se plaindraient de ne pas me voir, pour m'occuper d'eux plus à fond que je n'aurais pu le faire avec eux, pour chercher à les révéler à eux-mêmes, à les* réaliser ».

Il semble que Proust, en dessinant ainsi les contours du mot, ait eu souci de préparer un exemple pour un Littré futur.

Réaliser — rendre réel. En dépit de certains puristes j'oserais écrire : « J'ai pris le deuil, il est vrai ; mais, ce deuil, je ne le réalise pas dans mon cœur. »

« *Rien de plus rare que de ne donner aucune importance aux choses qui n'ont aucune importance* », écrit Valéry. Je ne comprends pas bien ce qu'il veut dire. Les choses n'ont jamais, pour chacun de nous, que l'importance qu'on leur donne, qu'on leur accorde. Littérature et Beaux-Arts, argent, décorations et honneurs, vies humaines, etc. On fait « bon marché » de ceci ou de cela. Tel attache la plus grande importance à ce qu'il a et sacrifierait le reste du monde pour sauver sa mise. Pour tel autre, rien n'importe que ce qu'il n'a pas et convoite. Celui-ci mise sur la vie future ; celui-là sur l'instant présent… Les jeux sont faits ; rien ne va plus.

Je crois qu'en chaque circonstance j'ai pu discerner assez nettement le parti le plus avantageux que je pourrais prendre, et qui est bien rarement celui que j'ai pris.

Parfois il me semble que je vis ma vie à l'envers, et qu'à l'instant de la vieillesse, ma vraie jeunesse va commencer. Mon âme débuta couverte de rides ; des rides que mes ancêtres et mes parents très assidûment y tracèrent, et que j'eus, pour certaines, le plus grand mal à effacer. Je n'y parvins pas par la lutte, mais en rusant très longuement avec moi même. Je n'y parvins qu'avec l'assentiment des dieux.

…car si, dans l'*Immoraliste* encore, j'ai pu livrer de grands lambeaux de moi-même, je me suis par la suite absenté de mes récits, au point que je comprends qu'ils aient pu donner le change. Et ce ne fut point là le paradoxal résultat d'un effort ; l'envahissement de moi est naturel et si complet, qu'il n'est rien par exemple que j'aie écrit avec plus de facilité, de transports, que le journal les lettres d'Alissa, dans ma *Porte Étroite* ; tant il m'était aisé, voluptueux, de lui céder la place oui, de céder la place à un être moins compliqué que moi et qui, par cela même, s'exprimait avec moins de peine.

Je demeurais, je demeure encore, interdit, dès qu'il s'agit de hiérarchies, de préséances ; toujours prêt à céder le pas, à me soumettre, à m'excuser. Et sans doute, cette inclination naturelle de mon humeur fut-elle encouragée par les préceptes de l'Évangile — que je prenais, que je prends encore au sérieux, à la lettre — qui façonnèrent à ce point ma pensée, que je ne puis prendre au sérieux rien d'autre ; que les applaudissements, les décorations, les honneurs n'ont à mes yeux qu'un prix dérisoire, que les faveurs me gênent, les avantages m'interloquent, les privilèges m'humilient, comme ils font nécessairement ceux qui tiennent pour vérité ces paroles : « *Mon royaume n'est pas de ce monde... Les premiers seront les derniers* » ; et qui mettent en pratique ce précepte : « *Si quelqu'un prend ta robe, donne-lui donc aussi le manteau* ».

Je manquais, à un degré qui n'est pas croyable, de « savoir-vivre ». Non que mes parents m'eussent mal élevé ; bien au contraire, j'avais reçu la meilleure éducation du monde, et je ne sais trop à quoi attribuer ce manque de manières qui faisait que je ne me sentais jamais parfaitement à mon aise dans un salon ou à une table un peu bien servie et nombreuse. Avec le naturel, je perdais aussitôt tous moyens. Titres, galons, décorations me donnaient le vertige ; je ne parvenais pas à me persuader qu'on pût reconnaître la valeur des gens à leur manche ; et tout à la fois je ne prenais rien au sérieux de ce qu'il eût fallu révérer et j'étais si soucieux de marquer de la révérence que je donnais du front partout, à tort et à travers, prêt à tous les effacements ; cela n'engageait rien et n'engageait à rien.

Mon esprit est, avant tout, ordonnateur. Mais mon cœur souffre de laisser rien à la porte.

Et je comprends de reste ceux qui, n'ayant pas suffisant pouvoir de soumettre, repoussent, avant même de les connaître, les éléments anarchiques de leur être ; mais, pour moi, convaincu par l'expérience et par l'histoire, que les forces les plus utiles sont celles qui se montrent les plus redoutables d'abord, et d'autre part assuré de l'empire de mon esprit, je n'eus garde de rejeter rien de ce que je prétendais domestiquer et dont je restais assuré de pouvoir tirer bon parti.

Les éléments troubles de l'esprit, ce seront demain les meilleurs.

Que celui qui ne peut apprivoiser la foudre la craigne.

Il n'est pas une des déclarations de ce genre (profession de fidélité dans la préface de mes *Nourritures*) qui ne me paraisse sonner un peu faux lorsque je la relis, peu de temps ensuite.

Que sert de dire qu'on était sincère en l'écrivant ? Il n'est pas de caractère si simple qui ne présente de compliqués détours. La particularité qui paraît l'emporter, c'est celle que l'attention fixe ; le seul regard déjà déforme et grossit. L'on perd de vue l'ensemble de la figure, et tel trait qu'on fait dominer, n'est peut-être pas le plus marquant.

Parce qu'il m'a toujours été plus facile d'élire ou de repousser au nom d'autrui qu'en mon nom propre et qu'il me semble toujours m'appauvrir en me dessinant, j'accepte volontiers de n'avoir pas d'existence bien définie, si les êtres que je crée et extrais de moi en ont une.

J'imagine souvent telles préfaces à l'*Immoraliste*, aux *Faux-Monnayeurs*, à la *Symphonie*... l'une surtout où exposer ce que j'entends par objectivité romancière, où établir deux sortes de romans ou du moins deux façons de peindre la vie (qui, dans certains romans, se rejoignent).

L'une, extérieure et que l'on nomme communément « objective, » qui voit l'abord le geste d'autrui, l'événement, et qui l'explique et l'interprète.

L'autre, qui s'attache d'abord aux émotions, aux pensées, invente événements et personnages les mieux propres à mettre ces émotions en valeur — et risque de demeurer impuissante à peindre quoi que ce soit qui n'ait d'abord été ressenti par l'auteur. La richesse de celui-ci, sa complexité, l'antagonisme de ses possibilités trop diverses, permettront la plus grande diversité de ses créations. Mais c'est de lui que tout émane. Il est le seul garant de la vérité qu'il révèle, le seul juge. L'enfer et le ciel de ses personnages sont en lui. Ce n'est pas lui qu'il peint ; mais ce qu'il peint il aurait pu le devenir s'il n'était pas devenu tout lui-même… Oui, je pourrais exposer tout cela. Mais ne l'ai-je pas dit ou laissé entendre suffisamment déjà en parlant de Dostoïewsky ? À quoi bon reprendre ? Mieux vaut dire aux lecteurs : lisez-moi mieux ; relisez-moi ; et passer à autre chose.

Une des grandes règles de l'art : ne pas s'attarder.

Rien n'est fait, si, ce personnage que je crée, je n'ai pas su vraiment le devenir, et me dépersonnaliser en lui jusqu'à donner le change, jusqu'à encourir le reproche de n'avoir jamais su portraiturer que moi-même, si différents que soient entre eux Saül, Candaule, Alissa, Lafcadio, le pasteur de ma *Symphonie*, ou La Pérouse, ou Armand. C'est revenir à moi qui m'embarrasse ; car, en vérité, je ne sais plus bien *qui* je suis ; ou, si l'on préfère : je ne suis jamais, je deviens.

Comme j'irais bien, sans tous ces gens, qui me crient que je vais mal !

Ils s'obstinent à voir dans les *Faux-Monnayeurs*, un livre manqué. On disait la même chose d'abord, de l'*Éducation sentimentale* et des *Possédés*. (Je me souviens que ce qui m'a fait lire les *Possédés* et les *Karamazoff* c'est le retrait de Melchior de Vogüé devant ces livres « apocalyptiques et fumeux »). Dans dix ou vingt ans, l'on reconnaîtra que ce que l'on reproche à mon livre aujourd'hui ce sont ses qualités les plus rares.

Combien n'est-il pas plus flatteur de voir un critique, par rancune ou dépit, se forcer au dénigrement, que, par camaraderie, à l'indulgence.

Les plus belles vertus peuvent se déformer avec l'âge. L'esprit précis devient tatillon ; l'économe, avaricieux ; le prudent, timoré ; l'imaginatif, chimérique… Il n'est pas jusqu'à la persévérance, qui n'engage dans une sorte de stupidité. Comme, au contraire, à comprendre trop bien trop d'opinions et des façons de voir trop diverses, la constance se perd et l'esprit s'égare dans une inquiète versatilité. Si Maurras était moins sourd, peut-être ne serait-il pas si fidèle ; mais il advient souvent que la constance précède et entraîne une sorte de surdité.

Si je *crois* ou si je ne *crois* pas ?

Que vous importe ?

Et que m'importe à moi-même ?

Il ne m'est pas plus possible de penser sincèrement votre crédo, que de croire à la rotation du soleil autour de la terre. Mais j'ai connu, croyant, votre « état d'âme ». *Et ego…* Je sais que cette idée monstrueuse, plantée au cœur de notre esprit, par la gêne même qu'elle impose à chacune de nos pensées, les amène à cette qualité pathétique dont peut profiter l'œuvre d'art. Et ce qui encourage à penser que l'art même est d'essence religieuse, ce qui peut faire croire, au *croyant*, que l'art et la puissance de création artistique sont une dépendance de la foi, ce n'est pas seulement le surcroît d'éloquence que doit l'artiste à sa croyance, c'est aussi le surcroît d'accueil de l'auditeur, du spectateur croyant, en face d'une œuvre d'inspiration religieuse ; c'est la mystique communion entre l'artiste et le public, que seule cette croyance commune permet. On est de mèche. Les décors sont déjà posés ; les instruments accordés d'avance ; les larmes prêtes. Chacun se sent du troupeau, de la famille ; chacun, entre l'acteur et soi (l'auteur s'efface modestement), goûte une connivence secrète. — « Ça me connaît ».

Pour moi, je veux une œuvre d'art où *rien ne soit accordé* par avance ; devant laquelle chacun reste libre de protester.

Rien n'est plus gênant que les disciples. J'ai fait ce que j'ai pu pour les décourager. Je ne « reçois » pas ; je ne remercie pas pour les livres que l'on m'envoie, ne réponds ni aux lettres, ni aux articles ; je vis loin de Paris… À présent l'on me reproche d'avoir de l'influence. Qu'y puis-je ? Je n'ai jamais cherché que d'encourager chacun dans sa voie et ne voudrais tirer à moi personne.

Je dois beaucoup à mes amis ; mais, tout bien considéré, il me paraît que je dois à mes ennemis plus encore. L'être vrai, c'est sous la pointe qu'il se réveille, mieux encore que sous la caresse. Celle-ci vous endort, Blake l'a dit déjà ; celle-là vous désengourdit. Enfin s'il m'arrivait de douter de moi, prêt à lire dans la louange plutôt une marque de l'affection d'autrui qu'une attestation de valeur, l'acharnement de certains à me nuire et à dégrader ma pensée, me força bientôt de conclure à son importance. Je ne me savais pas d'abord si redoutable ; mais : On me combat, donc je suis.

On appelle « bonheur » un concours de circonstances qui permette la joie.

Mais on appelle joie cet état de l'être qui n'a besoin de rien pour se sentir heureux.

———

II

On a beaucoup écrit ces temps derniers (1922) à propos de Flaubert, sur à son style et discuté si vraiment il écrivait si bien. Quand chacun parle il ne me prend envie que de me taire ; c'est après que chacun s'est tu qu'il me prend envie de parler. Il ne m'a point paru (mais peut-être n'ai-je point lu tous les articles) que ni M. Souday, ni M. Thibaudet, ni M. X…, ait dit le plus essentiel ; en tout cas je sais bien que, malgré le vif intérêt que je pris à les lire, je ne trouvai satisfaction parfaite dans aucune de leurs affirmations[1], et c'est bien pourquoi maintenant j'ai souci d'entrer dans la ronde à mon tour.

Que Flaubert ne soit pas un grand écrivain, c'est ce qui me paraît ressortir non seulement de ses médiocres écrits de jeunesse, ainsi que l'a fort bien montré M. Thibaudet, mais des propres déclarations qu'on relève au cours de ses lettres. Sans cesse il y revient : près d'un Montaigne, d'un Voltaire, d'un Cervantès, il se sent écolier. Ce n'est qu'à force de travail et par cette patience que Buffon si spécieusement faisait équivalente du génie, qu'il supplée les dons qui lui manquent. Où ces écrivains nés se jouaient, il peine ; on sent, de phrase en phrase, ahaner laborieusement son effort. Sans chercher au loin, si l'on ouvre la correspondance ou les *Memoranda* de Barbey d'Aurevilly par exemple, quelle aisance à la fois et quelle carrure ! quelle cambrure ! quel retournement des périodes, quelle abondance, quel bonheur dans le choix des mots, et quel amusement dans les images, quelle sonorité, quel nombre ! D'où vient donc que, pourtant, Flaubert garde pour nous tant d'importance ? qu'il demeure pour nous, ou du moins qu'il soit demeuré si longtemps, un compagnon, un maître, tandis que Barbey d'Aurevilly, malgré tant de prestance, nous ait toujours paru de si mauvais exemple, de si déplorable conseil ? N'est ce point parce que ces dons, que d'Aurevilly par orgueil et par suffisance, employa si mal, sont essentiellement inacquérables, tandis que cette méthode, cette discipline à quoi se soumettait Flaubert, chacun de nous, fût-ce pour des fins différentes, est à même de l'adopter ?

Non, je ne méjuge point d'Aurevilly. Des brillants écrivains comme lui, on les compte. Il est parfois prestigieux. Dès qu'il cesse de l'être, il tombe fort au-dessous du médiocre. Il ne consent jamais au naturel. Il est guindé. Son meilleur livre reste indiciblement prétentieux. Il a tout à la fois le mépris d'autrui et le souci d'autrui, de sorte que tout à la fois il dédaigne de séduire et cherche constamment d'étonner. Ses jugements sont d'un niais. Rien ne rend plus sot les intelligents, que l'orgueil.

Aucune infatuation chez Flaubert. Sans cesse il se craint au-dessous de sa tâche. Il s'applique. On ne le voit jamais passer outre et le mot admirable du père Ingres (je crois qu'il est de Poussin) : « Je n'ai jamais rien négligé » trouve dans son travail une constante application. Il est assidu jusqu'à prétendre, et peut-être pas si paradoxalement qu'on le croirait d'abord, que l'inspiration consiste à se mettre devant sa table chaque jour à la même heure. Il dit aussi cela par réaction contre l'école romantique qui croit que l'inspiration ne va point sans désordre et ivresse. L'exaltation qui l'anime, maints scrupules viennent à l'encontre, et la tempèrent aussitôt.

— Mais l'œuvre ? direz-vous. Car, en art, les résultats seuls importent… Eh bien, il me faut l'avouer : les œuvres de Flaubert, je ne les admire plus beaucoup. J'ai peine à écrire ceci, qui me paraît un sacrilège… Oui, je sais, il n'est pas un de ses livres qui ne soit d'une tenue exemplaire. Il y a dans la *Tentation* des suites de phrases d'une sonorité inépuisable. L'*Éducation Sentimentale* reste, malgré lui peut-être, l'épopée de la médiocrité. Et certes, je pourrais trouver en moi de quoi louer chacun des autres. Pourtant il me paraît que si son œuvre entière devait être mise en balance, sa seule *Correspondance* jetée dans l'autre plateau, l'emporterait en poids ; s'il ne m'était permis de conserver que l'une ou l'autre, c'est celle-ci que je prendrais.

Le long article de Pierre Gilbert, réimprimé dans la *Forêt des Cippes*, m'indigne, car il me paraît indécent de parler avec aussi peu de respect de Flaubert ; mais, malgré mon indignation, je suis souvent forcé de lui donner raison.

Les raisons qui font ces étoiles pâlir sont peut-être celles mêmes qui les reliaient, selon Bourget, à la génération qui précédait la mienne. Car les dispositions morales d'une génération ne sont point celles de la génération qui la suit. Bourget prônait les apôtres du pessimisme. Et c'est vers la constellation du Lion qu'aujourd'hui nous nous sentons emportés. Rien à faire à cela ; et ce que nous cherchons dans nos maîtres ce n'est point le découragement. Si Stendhal et Baudelaire aujourd'hui se maintiennent très haut dans notre ciel, c'est que les rayons émanés de leur œuvre ont encore d'autres vertus que celles que leur reconnaissait Bourget. C'est, à vrai dire, que, de toute cette pléiade citée dans les *Essais de Psychologie*, seuls ils sont de parfaits artistes, et que seul l'art parfait reste à l'abri du vieillissement.

Le sage Sainte-Beuve dénonce, je ne sais plus où, ce fréquent travers de l'esprit de se pousser de préférence et chercher des incitations du côté où déjà par nature il penche le plus. Et c'est là ce qui me fait si souvent déplorer qu'aux parents soit confiée la garde des enfants qui déjà naïvement leur ressemblent et qui trouvent en eux l'exemple et l'encouragement de leurs secrètes dispositions ; ce qui fait qu'à vrai dire l'éducation familiale bien rarement les redresse, mais qu'elle aide à les incliner, et que les fils de parents butés sont butés plus avant encore, enfoncés de droite ou de gauche, et ne pouvant le plus souvent retrouver la verticale que par un regimbement plein de risques. Si je n'aimais le bref j'écrirais tout un livre là-dessus, mais qui ferait crier au scandale ; car, enfin, sur une quarantaine de familles que j'ai pu observer je n'en connais peut-être pas quatre où les parents n'agissent point de telle sorte que rien ne serait plus souhaitable pour l'enfant que d'échapper à leur empire. Certains s'indignent de l'alcoolique enseignant à son fils à boire, qui, selon leur biais, n'agissent pas différemment.

Gardez-vous de confondre art et manière. La manière des Goncourt, par quoi ils paraissaient si « artistes » de leur temps, est cause aujourd'hui de leur ruine. Ils avaient des sens délicats ; mais une intelligence insuffisante les fit s'extasier sur la délicatesse de leurs sensations et mettre en avant ce qui doit être subordonné. On ne lit point une page d'eux où n'éclate entre les lignes cette bonne opinion qu'ils ont d'eux-mêmes ; ils cèdent infailliblement à cette complaisance qui les fait penser : Ah ! que nous sommes donc artistes ! ah ! que les autres écrivains sont épais ! — La manière est toujours l'indice d'une complaisance, et vite elle en devient la rançon. L'art le plus subtil, le plus fort et le plus profond, l'art suprême est celui qui ne se laisse pas d'abord reconnaître. L'art véritable se moque de la manière qui n'en est que la singerie. Et, comme « *la vraie éloquence se moque de l'éloquence…* »

Le *charme* des vers est parfois de qualité si subtile et tient à si peu de chose qu'il peut être rompu sans même qu'aucun mot soit changé de place.

Ces vers ailés de Moréas chantent à ma mémoire ; toute ombre intérieure cède à leur enchantement musical :

> Je naquis au bord d'une mer dont la couleur passe
> En douceur le saphir oriental ; des lys
> Y croissent dans le sable ; ah ! n'est-ce
> Ta pâle face les lys de la mer natale ?

Sans en changer un mot, les imaginé-je un instant distribués comme suit :

> Je naquis au bord d'une mer
> Dont la couleur
> Passe en douceur
> Le saphir oriental
> Des lys y croissent dans le sable
> Ah n'est-ce ta face pâle
> Les lys de la mer natale.

le charme aussitôt est rompu. Et nous les eussions vus originairement imprimés ainsi, ils nous eussent paru des plus médiocres, et nul de nous, si musicien fût-il, n'aurait imaginé leur rythme natif, qui les soulève et les délivre de tout poids.

Valéry fait trop bon marché des *Contemplations* de Hugo, et de toutes les pièces de vers où certain intérêt sentimental semble risquer de compromettre à ses yeux la pureté du verbe et la splendeur de la forme. Certains poèmes des *Contemplations* ne le cèdent en rien même à ce poème pour le *Tombeau de Gautier* que Valéry met au-dessus de tous les autres. Je sens bien que ce qu'il croit que j'y admire (dans les poèmes des *Contemplations*) c'est précisément cette sentimentalité qui l'y gêne, et qui risquerait, en effet, de compromettre la beauté du vers sans l'extraordinaire maîtrise de Hugo ; mais au seul point de vue du métier, peut-on citer rien de plus *habile* (et j'emploie ce mot pour plaire à Valéry) que les *Paroles sur la Dune*, et trouvera-t-on dans toute l'œuvre de Hugo un plus extraordinaire emploi des *e* muets que dans le troisième vers de l'avant-dernière strophe :

Comme le souvenir est voisin du remords !
Comme à pleurer tout nous ramène !
Et que je te sens froide en te touchant, ô Mort…

Ces trois *e* muets successifs « Et que je te », après les deux admirables vers qui les précèdent, revêtent d'un mystère funèbre ce mot « froide » qui les suit ; c'est vraiment, ces trois pas muets, une avancée vers la tombe[2].

Et dans les premières strophes de ce même poème, l'un de ceux de Hugo que je me remémore le plus volontiers, quel emploi magistral du *que* ; considéré par certains comme gênant, et de nature à alourdir insupportablement les phrases, tandis que tous les grands auteurs du XVIIe siècle, Bossuet en particulier, en savaient si bien faire usage.

> Maintenant *que* mon temps décroît comme un flambeau
> *Que* mes tâches sont terminées
> Maintenant *que* voici *que* je touche au tombeau

Est-il rien de plus majestueux, de plus grave ?

L'on a cherché querelle tout dernièrement à Hugo au sujet du premier vers de *Oceano Nox* :

> Oh ! combien de marins, combien de capitaines

Querelle absurde. Hugo ne semble pas se douter, disait-on, que les capitaine de marine sont eux aussi des marins ; que le mot de « marin » englobe à la fois les simples matelots et les capitaines. Et l'on cite à l'appui certains vers de Tristan Corbière qui remettrait les choses au point. Évidemment, il ne put venir à l'esprit de Hugo d'opposer marins à capitaines ; le sens du vers est : « Oh ! combien de marins, et, parmi ceux-ci voire même des capitaines ». Il fallait « *capitaines* » à la rime, non pas seulement rimer avec « lointaines », mais la sonorité de ces deux mots était telle qu'on n'en pouvait souhaiter de meilleurs, de plus évocateurs d'entreprise hardie ; le mot de *capiaine* s'appliquant également à l'armée de terre, il fallait le faire précéder du mot de marin, pour indiquer qu'il s'agissait ici de l'armée de mer. Etc…

Querelle de cuistres.

Écrasement poétique de la pensée, chez Baudelaire :

… cœur meurtri comme une pêche.

· · · · · · · · · ·

Va cueillir des remords dans la fête servile.

(Je ne goûte pas beaucoup « *servile* »).

id est : des plaisirs frelatés et de telle nature que leur souvenir prendra vite les couleurs du remords.

Comme le souvenir est voisin du remords

disait admirablement Hugo.

Rien de moins poétique qu'une explication de ce genre, et (même sous-entendu, même inconscient) que l'appareil logico-moral qui fait pont entre les concepts évoqués par ce débris de phrase. Moins poétique, à beaucoup près, que l'autre exemple, où ce ne sont plus des concepts abstraits, mais des sensations des émotions qui relient ces mots : « *cœur meurtri…* » et « *pêche* ». Une pêche n'est pas nécessairement meurtrie, mais particulièrement susceptible de l'être. Elle n'est pas encore meurtrie ; elle va l'être. Exemple de futurition poétique bien meilleur encore que : « *l'épi naissant mûrit* » de Chénier, cité par tous les manuels.

---

1. ↑ Je n'aurais pas écrit ces lignes, ni même sans doute celles qui suivent, si j'avais d'abord lu les articles de Léon Daudet sur Flaubert et sur Barbey d'Aurevilly. Il y dit excellemment presque tout ce que je dis ici.
2. ↑ Le même effet incantatoire se retrouve dans le vers de Baudelaire :

> *À quiconque a perdu ce qui ne se retrouve*
> *Jamais, jamais.*

III

Ce qui caractérisera notre époque, ne serait-ce pas le gaspillage ? J'admire non point tant sa consommation effroyable de systèmes, de morales, de principes et de poétiques ; ce que j'admire c'est que tout cela soit si mal consommé ; qu'on jette à la boîte aux ordures l'os à moelle après qu'on a quelque peu grignoté la chair tout autour. Rien qu'en étant bon chiffonnier on passerait pour inventeur.

> Qui donc sait, en dehors de moi, ce que c'est qu'Ariane !
>
> NIETZSCHE.

C'est ainsi que, pour n'en être plus gêné, on a enfermé les mythes grecs dans le vestiaire aux défroques, d'où ne les sort quelque poète, que pour habiller quelque vieille pensée trop décrépite pour oser se promener nue. Pour moi ces fables sont vivantes. Je m'inquiète assez peu de savoir comment ces mythes se sont formés, leur origine, et j'abandonne aux philologues l'ombre où s'enfonce et se perd leur passé. J'abandonne aux historiens de la littérature l'usage que les temps classiques et romantiques en ont fait. Ce qui m'importe c'est par où ils nous touchent et en quoi ils s'adressent à nous. Tout ce qui nous vient de la Grèce est si divinement et si humainement naturel que chaque âge en a pu tirer nourriture ; et que pour la génération suivante tout cela reste plein de substance, neuf, de signification infinie.

Je prétends interroger la fable grecque d'une manière nouvelle, et vous dis que sa signification psychologique est intacte, que c'est cette signification-là qui nous importe et qu'il appartient à notre époque de dégager.

Ce qui retient cette signification psychologique de vous apparaître, c'est que vous avez hérité des générations passées l'habitude de réduire à la portion congrue l'initiative des demi-dieux et des héros. Pour les dieux c'est une autre affaire : je tiens qu'il faut leur en reconnaître le moins possible ; et pour cause… Mais quant aux héros… non, je ne puis consentir que ce soit par hasard, par oubli, que Thésée ne changea point la voile du vaisseau qui le ramenait de Crète. Vous vous souvenez qu'il était parti là-bas pour affronter le Minotaure. Son vieux père Égée, sans beaucoup d'espoir, attendait le retour du navire, chaque jour, du matin au soir, assis au haut d'un promontoire. Et il avait été convenu que, si le fils revenait vainqueur, le vaisseau arborerait une voile rouge ; noire s'il était vaincu, comme celle de deuil qu'il portait au départ. Et la fable raconte que, Thésée ayant oublié de changer la voile, le père au désespoir se jeta dans la mer ; de sorte qu'à son retour, Thésée ne trouva plus qu'une couronne. C'est un récit bien enfantin…

Et pour un peu j'admettrais qu'Orphée, importuné d'être suivi par Eurydice, se retourna vers elle, conscient de son homicide regard (v. *Lettre de J.-J. Rousseau à Madame de Francœil*). Mais je me garde d'apporter ici quelque esprit d'irrespect et d'ironie. Je me souviens trop bien que Platon accusa de lâcheté Orphée, pour s'être ingénié à descendre vivant aux enfers. Je n'ai point trop compris, je l'avoue, cette accusation de Platon et je n'en retiens rien, sinon ceci : que Platon n'aimait point la musique. Il refusait aux musiciens droit de cité dans sa République et, quand il nous dit qu'Orphée était lâche, il ajoute : « … comme un musicien qu'il était ». Mais il est vrai pourtant qu'Orphée n'avait rien d'un héros. Dans Thésée, au contraire, je ne vois rien que d'héroïque ; et qu'il soit cynique aussi, je laisse d'autres s'en indigner. S'il descend aux enfers, lui, compagnon de son fidèle Pirithoüs, ce sera pour violer Proserpine. Ce qui le tente, c'est le défi : défi à la règle, à la nature, à la morale, aux lois. Le seul fils qu'il aura naîtra de la chaste amazone. Ariane s'attache à lui ; lui, s'attache à la sœur d'Ariane. Il m'est impossible de l'imaginer ayant peur, et quand, dans le labyrinthe, il s'avance, c'est Ariane qui craint qu'il ne s'égare, ce n'est pas lui. Ce fil qu'elle attache à sa main l'importune, et, dès la première escale, il le rompt. Je l'imagine à la cour de Minos, inquiet de savoir quelle sorte d'inavouable monstre peut bien être le Minotaure ; s'il est si affreux que cela, ou s'il n'est pas charmant, peut être ? Il enlève à la fois les deux filles du futur juge des enfers ; de l'une il est aimé ; il aime l'autre, la cadette ; qui lui préférera son fils. Il y a dans tous ses exploits quelque chose de plus que hardi, de délirant, d'abominable et de féroce. Rien de philanthropique et de doux à la manière du bon Hercule.

J'interroge aussi celui-ci. C'est un demi-dieu ; et comme tel s'il est plus glorieux, et s'il est immortel, il est astreint, et, comme tous les terrestres enfants de Zeus, soumis à de fatales lois. Il a ceci pourtant qui le distingue de tous les autres fils de Zeus : il est moral. C'est le premier héros vertueux. Unique et prodigieuse exception parmi toute la fable grecque. Mais, comme dans toute la fable grecque je ne sache rien qui ne se motive et qui ne se justifie, je cherche l'explication de ce singulier caractère. Et je doute si quelque mythologue s'est avisé déjà de ceci (mais je n'ai trouvé cette élucidation nulle part) : Alcmène, la mère d'Hercule, est restée vertueuse alors même qu'elle accueillait Jupiter, puisque c'est la figure du mari que Jupiter dut emprunter pour la séduire. Sa bonne foi conjugale est surprise ; l'adultère se glisse à l'abri du devoir. Hercule entre le vice et la vertu, quand plus tard au carrefour il hésite, le sang de sa mère choisit. J'ai déjà dit tout cela quelque part.

« Hérédité, le seul dieu dont nous connaissions le vrai nom », disait Wilde. Pour ne pas le nommer, les Grecs le connaissaient bien, eux aussi.

Les livres que j'ai lus à ce sujet m'ont beaucoup gêné — j'entends : les livres qui théorisent. Je ne dis pas qu'ils ne m'aient rien appris ; mais peu de chose ; car la plupart ont pris à tâche de réduire au même commun diviseur des données extrêmement complexes et qui, je l'avoue, m'intéressent en raison de leur complexité. Tel voit dans chacun des mythes de la Grèce l'image du soleil et des grands phénomènes ouraniens ; tout élan, tout essor, tout crescendo sera l'aurore, et le crépuscule vespéral tout déclin ; tout combat deviendra celui de la lumière contre les ténèbres et, suivant que le héros solaire en sortira vainqueur ou vaincu, l'on dira que c'est un mythe du matin ou que c'est un mythe du soir ; de temps en temps le mythe sera dit lunaire ; parfois il s'y agira des saisons… On trouve ainsi le moyen d'expliquer tout, n'y ayant pas moins de ressources dans l'ingéniosité des savants que dans les propos du ciel[1]. Et, grâce à ces explications, les mythes deviennent du même coup parfaitement clairs et complètement inintéressants. Telle autre école, (au moment que j'écris ceci, je crois que c'est la plus moderne), reconnaît dans chaque grand mythe le foisonnement et l'exagération d'une coutume locale ; et cette école s'appuie sur une autre qui prit grand'peine à démêler l'écheveau des superstitions qui formèrent la *mythologie*, cherchant de-ci, de-là, l'origine de chacun des fils qu'emmêlèrent autour du sensible pivot de la Grèce le *lore* de peuples très divers.

Qu'ils aient raison, c'est ce que je ne mets pas en doute ; mais voici qui ne m'explique ni la fortune de ces mythes à travers les arts grecs, ni comment, sans les fausser en rien, jusqu'en deçà de la période alexandrine ils ont pu satisfaire à la civilisation la plus harmonieuse qu'ait essayé l'humanité. Que s'ils ne doivent cette concurrente harmonie qu'à cette civilisation même et que si chacun d'eux peut être assimilé à un vase que chaque philosophe et poète lentement a pris soin de remplir, c'est quand le vase est plein qu'il me plaît de l'approcher de mes lèvres. C'est affaire au philologue de m'instruire sur l'origine du mythe ; je ne m'en veux saisir qu'à l'instant où la signification le déborde.

Des savants, de nos jours, sont prêts à démolir les plus beaux monuments du Forum pour défouir la cloaque maxime.

Qu'il soit permis de préférer à l'étude des origines, à la contemplation de la graine et de l'œuf, celle de la pleine adulte beauté.

Il est un point d'épanouissement que va suivre la décadence, où les forces anagénétiques l'emportent encore sur les forces catagénétiques ; un instant plus tard, la poussée interne faisant défaut, la forme durera toute seule et s'émancipera ; nous tombons dans l'alexandrinisme ; chaque mythe dès lors devient fable et prétexte à ornementation ; ce n'est plus la fleur, mais la fioriture.

Sans doute n'est-il pas d'un médiocre enseignement de constater que les anciens, et spécialement les Grecs, qui pourtant s'entendaient à bien vivre — et par « bien vivre », j'entends : vivre de manière à nous donner l'exemple des plus hautes vertus — que les Grecs, dis-je, agissaient tout nettement selon le conseil de leur pente, de leur passion bonne ou mauvaise, de leur vertu, de leur orgueil ou de leur fantaisie, mais qu'il ne leur arrivait jamais de peser longuement, entre plusieurs propos, celui que la raison reconnaîtra pour préférable, ainsi que constamment il nous arrive de faire aujourd'hui désireux que nous sommes, parmi tous les possibles, d'élire le meilleur, c'est-à-dire le plus avantageux pour Dieu, pour autrui, pour le bien public, pour nous-mêmes (selon notre plus ou moins grande vertu).

Et même, s'il arrivait à ces Grecs parfois de déplorer les conséquences de tels actes, ces regrets ne portaient point sur l'acte même et n'entraînaient ni repentance, ni remords ; il ne leur apparaissait jamais qu'ils eussent pu agir autrement. À la seule exception d'Hercule, aucun demi-dieu ou héros de l'antiquité n'hésite, ne balance. Chacun d'eux agit selon la dictée de son plus profond caractère, et ne crois-tu pas qu'à tous leurs gestes admirables, aussi bien aux plus vertueux qu'aux pires, le mot qui convient le mieux et qui s'applique le plus indifféremment à tous, c'est le mot : inconsidéré[2].

Ne crois-tu pas que c'est ainsi qu'il sied d'agir, et que l'acte inconsidéré a grand'chance d'être aussi bien le plus sage, car nous savons de reste que plus la raison s'efforce d'intervenir dans l'action, et plus nous sommes empêchés d'agir — car les conséquences immédiates ou lointaines du moindre de nos actes sont infinies ; car agir suivant le poids du plus grand nombre de motifs n'est pas agir d'une manière bien sincère. L'instinct le plus souvent est meilleur guide que la raison.

Quelle chose absurde, cette crainte de soi, en littérature ; crainte de parler de soi, d'intéresser à soi, de se montrer. (Le besoin de macération de Flaubert lui a fait inventer cette fausse, cette déplorable vertu.)

Pascal blâme le parler de soi dans Montaigne, y voit une démangeaison ridicule, mais n'est jamais si grand que lorsque lui-même y cède, et malgré lui. Qu'il écrive : « Le Christ a versé son sang pour les hommes », et sa parole retombe sans vertu. Dès qu'intervient le « Je », tout s'anime, et quand ce Dieu vient à lui, le tutoie : « J'ai versé telle goutte de sang pour toi ». Telle goutte spéciale, pour toi, Blaise Pascal… Chacun de nous aussitôt se sent compris dans ce tutoiement adorable.

La grande différence entre le christianisme et le paganisme[3] :

Zeus crucifie Prométhée.

Dieu offre son Fils pour qu'il soit crucifié par les hommes. Il est « de « mèche » !

Je crois bien que c'est là le point central, et le plus important.

La Grèce… où l'on pouvait changer de dieu sans changer pour cela de religion… n'a pas cherché à poser devant l'homme une sorte de canon moral, comme elle a fait celui des corps.

Un équilibre flottant de vertus.

Et quand, au fond de la boîte de Pandore, c'est le christianisme qu'on trouverait, ma foi ! je n'en serais pas trop surpris.

Royaume de Dieu. Vie éternelle. Vie dans l'éternité de l'instant.

… nunc, in tempore hoc (Marc, X, 29)

dès à present.

… et nunc est (Jean, IV, 23 ; V, 25).

Non ; c'est en vain que vous scrutez les Écritures pour y trouver la promesse et l'assurance d'une autre vie. « Vous scrutez les Écritures parce que vous pensez trouver en elles la vie éternelle ; or, ce sont elles qui rendent témoignage de moi ; et vous ne voulez pas venir à moi pour avoir la vie. » (Jean, V, 39).

« The kingdom of God cometh not with observation : Neither shall they say : lo here ! or lo there ! for, behold : the kingdom of God is within you » (Luc, XVII, 20, 21).

Mais, me disait G. peu après sa conversion : c'est une grave erreur, et une erreur particulièrement protestante de croire que la parole de Dieu ne se trouve que dans l'Évangile. Dieu n'a jamais cessé de parler depuis la création du monde, et la révélation ne s'interrompt pas. J'écoute Dieu dans l'Évangile mais c'est tout aussi bien Sa voix que j'entends dans la dernière encyclique…

Qu'il m'est bon, auprès de cela, de relire le *Mémorial* de Pascal : « Oubli du monde et de tout, hormis Dieu. *Il ne se trouve que par les voies enseignées dans l'Évangile…* »

Et plus loin :

« Jésus-Christ… Que je n'en sois jamais séparé. *Il ne se conserve que par les voies enseignées dans l'Évangile.* »

Quelle est l'étrange histoire des trois lignes où il est question de « directeur », de conscience, lignes qui ne figurent point dans le manuscrit autographe de la Nationale, et qui ne sont peut-être pas de Pascal ?

Tel qu'il est, l'Évangile me suffit. Dès que je me remets en face de lui, tout redevient lumineux devant mon regard. L'explication de l'homme l'obscurcit.

Pourquoi, tandis que les autres religions ont pu former des peuples à leur image, pourquoi cette banqueroute, cette inadéquation ? N'est-il pas surprenant que les peuples chrétiens seuls aient été capables de créer la civilisation la plus distante des préceptes de l'Évangile, la plus opposée à toute forme de vie chrétienne ?

Mais quand je cherche le Christ, je trouve le prêtre ; et derrière le prêtre, Saint Paul.

Je prends les Évangiles tels qu'ils nous sont donnés, et laisse aux exégètes le soin de chercher si telles lignes ne furent pas rajoutées par la suite, où déjà je vois un essai d'interprétation : « Il disait cela de l'esprit que devaient recevoir ceux qui croient en lui ; *car l'Esprit n'était pas encore donné*, parce que Jésus n'avait pas encore été glorifié (Jean, VII, 39).

nondum enim erat Spiritus datus.

Mais, du reste, après la Pentecôte, l'apôtre n'eut plus aucune raison de remettre la félicité divine au futur.

— Mais ne serez-vous pas entraînés à considérer parallèlement l'enfer comme immanent pour ainsi dire, et trouvant dans la vie présente déjà l'immédiate réalisation de son horreur ?

— J'accorde que chaque pécheur clairvoyant peut aussitôt goûter le pressentiment complet de l'enfer. Et n'est-ce pas déjà l'enfer de connaître le lieu du repos, d'en savoir le chemin, la porte ; et de rester forclos ? de sentir la clarté de l'amour s'obscurcir, l'écran de la chair s'épaissir, cette chair s'aggraver sans cesse et, soi, s'y attacher toujours plus ? On parle toujours, à propos de l'enfer, de stagnation et l'on fait de ce non-progrès le dernier degré de l'horrible. Mais il y a pire ; il y a le lent progrès dans l'éloignement comme il y a progrès dans le rapprochement de l'amour. Ce n'est pas la ténèbre subite, c'est l'obscurcissement progressif. L'enfer — aussi bien que le paradis — est en nous. Milton l'exprime admirablement en ce vers : — lorsqu'il fait dire à Satan même — « *Which way I flie is Hell ; my self am Hell.* » (Paradise Lost, IV, 75).

Mais, qu'advient-il ? C'est que l'on a fait le Christ même responsable de…

… qui n'émane que de vous. C'est que, voulant répudier ceci qui est faux, l'on se trouve entraîné à rejeter du même coup cela qui est juste ; à rejeter du même coup Celui qui est juste. C'est une croix de mensonge, à quoi vous l'avez si solidement cloué, que désormais l'on ne puisse enlever le bois sans arracher la chair.

— Mais, dites-vous, ce Christ ne se maintiendrait pas tout seul. Il lui faut désormais cette monture, cette armature…

Si votre amour est assez fort pour lui permettre de revivre, Il saura quitter cette croix.

Évangile. De part en part œuvre de vie, œuvre de joie. (V. Jean, VIII, 51).

C'est « parce qu'ils seront consolés » que le Christ dit « heureux ceux qui pleurent ». Lui-même ne pleure qu'une fois : devant la mort. Son premier miracle est pour augmenter *la joie*. Sa première parole c'est « *Heureux* ».

Mais il veut une joie que le plus pauvre même puisse atteindre — et même une joie que seule la pauvreté puisse donner.

Prendre au pied de la lettre les paroles du Christ.

On cherche à tricher avec lui comme Saphire.

« Quand il dit : vends tout ton bien » cela n'est pas *une image* ; ce n'est pas non plus un ordre — c'est un secret *de bonheur*. Le *royaume de Dieu,* c'est cela — c'est un état de joie que seul le *dénuement* peut donner.

L'inquiétude tombe avec le sentiment de la possession particulière ; de la limitation individuelle.

« Ne vous inquiétez point pour votre vie de ce que vous mangerez et de ce que vous boirez, ni pour votre corps de quoi vous serez vêtus » etc.

« Il est plus aisé à un chameau de passer par le trou d'une aiguille, qu'à un riche d'entrer dans le royaume des cieux. »

Quand les gens intelligents font les bêtes, il est naturel qu'ils y réussissent mieux que les sots. On a discuté sur le chameau, discuté sur le chas, discuté sur l'aiguille, et discuté surtout pour savoir dans quelle mesure le riche pouvait ou ne pouvait pas aborder au royaume des cieux. Quoi pourtant de plus lumineux que la parole de l'Évangile ? Il saute aux yeux les plus myopes que « faire passer un chameau par le trou d'une aiguille » est l'équivalent oriental de « prendre la lune avec ses dents », ou de quelque image analogue dont l'énorme absurdité tend à exagérer *l'impossible*.

Cela veut dire simplement : il est *impossible*, à tout jamais impossible, et parmi les choses impossibles il n'en est pas de plus impossible que celle-ci : un riche dans le royaume de Dieu. Le royaume de Dieu est formé de l'abandon de ces richesses.

Rien de plus lourd, de plus important que ceci : nécessité de l'option entre le temporel et le spirituel. La possession de *l'autre monde* est faite du renoncement à celui-ci.

----

1. ↑ V. Notes sur les *Dionysiaques* de Nonnos, p. 42 (Chant XI, note 15) à propos d'Ampelos :

   … « Ici, je l'avoue, M. Creuzer me paraît atteint de la manie contemplative de Dupuis ; et il m'est *totalement impossible de retrouver la moindre influence des astres, et une légende sidérale* dans cette simple histoire d'Ampelos », écrit le comte de Marcellus.

2. ↑ L'admirable figure d'Ulysse échappe à ce que j'avance ici ; il y a tant de bon sens, et de cautèle en lui qu'il est presque anti-héroïque, car, dit Montaigne, « rien de noble ne se fait sans hasard ».

3. ↑ J'avais écrit d'abord : « la grande supériorité du christianisme sur le paganisme »… Mais faut-il vraiment voir là une supériorité ?